REGISTRE DES VISITEURS

Raison Sociale: ....

Etablissement: ....

N° SIREN: ....

Date d'ouverture du registre: ....

Date de clôture du registre: ....

DATE	VISITEURS		HEURE D'ARRIVEE	OBJET DE LA VISITE
	NOM	SOCIETE		

PERSONNE(S) ET/OU SERVICE VISITE		HEURE DE DEPART	COMMENTAIRES / SIGNATURES
NOM	SERVICE		

DATE	VISITEURS		HEURE D'ARRIVEE	OBJET DE LA VISITE
	NOM	SOCIETE		

| PERSONNE(S) ET/OU SERVICE VISITE || HEURE DE DEPART | COMMENTAIRES / SIGNATURES |
NOM	SERVICE		

DATE	VISITEURS		HEURE D'ARRIVEE	OBJET DE LA VISITE
	NOM	SOCIETE		

PERSONNE(S) ET/OU SERVICE VISITE		HEURE DE DEPART	COMMENTAIRES / SIGNATURES
NOM	SERVICE		

DATE	VISITEURS		HEURE D'ARRIVEE	OBJET DE LA VISITE
	NOM	SOCIETE		

| PERSONNE(S) ET/OU SERVICE VISITE || HEURE DE DEPART | COMMENTAIRES / SIGNATURES |
NOM	SERVICE		

DATE	VISITEURS		HEURE D'ARRIVEE	OBJET DE LA VISITE
	NOM	SOCIETE		

PERSONNE(S) ET/OU SERVICE VISITE		HEURE DE DEPART	COMMENTAIRES / SIGNATURES
NOM	SERVICE		

DATE	VISITEURS		HEURE D'ARRIVEE	OBJET DE LA VISITE
	NOM	SOCIETE		

PERSONNE(S) ET/OU SERVICE VISITE		HEURE DE DEPART	COMMENTAIRES / SIGNATURES
NOM	SERVICE		

DATE	VISITEURS		HEURE D'ARRIVEE	OBJET DE LA VISITE
	NOM	SOCIETE		

| PERSONNE(S) ET/OU SERVICE VISITE || HEURE DE DEPART | COMMENTAIRES / SIGNATURES |
NOM	SERVICE		

DATE	VISITEURS		HEURE D'ARRIVEE	OBJET DE LA VISITE
	NOM	SOCIETE		

PERSONNE(S) ET/OU SERVICE VISITE		HEURE DE DEPART	COMMENTAIRES / SIGNATURES
NOM	SERVICE		

DATE	VISITEURS		HEURE D'ARRIVEE	OBJET DE LA VISITE
	NOM	SOCIETE		

PERSONNE(S) ET/OU SERVICE VISITE		HEURE DE DEPART	COMMENTAIRES / SIGNATURES
NOM	SERVICE		

DATE	VISITEURS		HEURE D'ARRIVEE	OBJET DE LA VISITE
	NOM	SOCIETE		

| PERSONNE(S) ET/OU SERVICE VISITE || HEURE DE DEPART | COMMENTAIRES / SIGNATURES |
NOM	SERVICE		

DATE	VISITEURS		HEURE D'ARRIVEE	OBJET DE LA VISITE
	NOM	SOCIETE		

PERSONNE(S) ET/OU SERVICE VISITE		HEURE DE DEPART	COMMENTAIRES / SIGNATURES
NOM	SERVICE		

DATE	VISITEURS		HEURE D'ARRIVEE	OBJET DE LA VISITE
	NOM	SOCIETE		

PERSONNE(S) ET/OU SERVICE VISITE		HEURE DE DEPART	COMMENTAIRES / SIGNATURES
NOM	SERVICE		

DATE	VISITEURS		HEURE D'ARRIVEE	OBJET DE LA VISITE
	NOM	SOCIETE		

| PERSONNE(S) ET/OU SERVICE VISITE || HEURE DE DEPART | COMMENTAIRES / SIGNATURES |
NOM	SERVICE		

DATE	VISITEURS		HEURE D'ARRIVEE	OBJET DE LA VISITE
	NOM	SOCIETE		

| PERSONNE(S) ET/OU SERVICE VISITE || HEURE DE DEPART | COMMENTAIRES / SIGNATURES |
NOM	SERVICE		

DATE	VISITEURS		HEURE D'ARRIVEE	OBJET DE LA VISITE
	NOM	SOCIETE		

| PERSONNE(S) ET/OU SERVICE VISITE || HEURE DE DEPART | COMMENTAIRES / SIGNATURES |
NOM	SERVICE		

DATE	VISITEURS		HEURE D'ARRIVEE	OBJET DE LA VISITE
	NOM	SOCIETE		

PERSONNE(S) ET/OU SERVICE VISITE		HEURE DE DEPART	COMMENTAIRES / SIGNATURES
NOM	SERVICE		

DATE	VISITEURS		HEURE D'ARRIVEE	OBJET DE LA VISITE
	NOM	SOCIETE		

| PERSONNE(S) ET/OU SERVICE VISITE || HEURE DE DEPART | COMMENTAIRES / SIGNATURES |
NOM	SERVICE		

DATE	VISITEURS		HEURE D'ARRIVEE	OBJET DE LA VISITE
	NOM	SOCIETE		

PERSONNE(S) ET/OU SERVICE VISITE		HEURE DE DEPART	COMMENTAIRES / SIGNATURES
NOM	SERVICE		

DATE	VISITEURS		HEURE D'ARRIVEE	OBJET DE LA VISITE
	NOM	SOCIETE		

| PERSONNE(S) ET/OU SERVICE VISITE || HEURE DE DEPART | COMMENTAIRES / SIGNATURES |
NOM	SERVICE		

DATE	VISITEURS		HEURE D'ARRIVEE	OBJET DE LA VISITE
	NOM	SOCIETE		

| PERSONNE(S) ET/OU SERVICE VISITE || HEURE DE DEPART | COMMENTAIRES / SIGNATURES |
NOM	SERVICE		

DATE	VISITEURS		HEURE D'ARRIVEE	OBJET DE LA VISITE
	NOM	SOCIETE		

PERSONNE(S) ET/OU SERVICE VISITE		HEURE DE DEPART	COMMENTAIRES / SIGNATURES
NOM	SERVICE		

DATE	VISITEURS		HEURE D'ARRIVEE	OBJET DE LA VISITE
	NOM	SOCIETE		

| PERSONNE(S) ET/OU SERVICE VISITE || HEURE DE DEPART | COMMENTAIRES / SIGNATURES |
NOM	SERVICE		

DATE	VISITEURS		HEURE D'ARRIVEE	OBJET DE LA VISITE
	NOM	SOCIETE		

| PERSONNE(S) ET/OU SERVICE VISITE || HEURE DE DEPART | COMMENTAIRES / SIGNATURES |
NOM	SERVICE		

DATE	VISITEURS		HEURE D'ARRIVEE	OBJET DE LA VISITE
	NOM	SOCIETE		

| PERSONNE(S) ET/OU SERVICE VISITE || HEURE DE DEPART | COMMENTAIRES / SIGNATURES |
NOM	SERVICE		

DATE	VISITEURS		HEURE D'ARRIVEE	OBJET DE LA VISITE
	NOM	SOCIETE		

PERSONNE(S) ET/OU SERVICE VISITE		HEURE DE DEPART	COMMENTAIRES / SIGNATURES
NOM	SERVICE		

DATE	VISITEURS		HEURE D'ARRIVEE	OBJET DE LA VISITE
	NOM	SOCIETE		

| PERSONNE(S) ET/OU SERVICE VISITE || HEURE DE DEPART | COMMENTAIRES / SIGNATURES |
NOM	SERVICE		

DATE	VISITEURS		HEURE D'ARRIVEE	OBJET DE LA VISITE
	NOM	SOCIETE		

PERSONNE(S) ET/OU SERVICE VISITE		HEURE DE DEPART	COMMENTAIRES / SIGNATURES
NOM	SERVICE		

DATE	VISITEURS		HEURE D'ARRIVEE	OBJET DE LA VISITE
	NOM	SOCIETE		

| PERSONNE(S) ET/OU SERVICE VISITE || HEURE DE DEPART | COMMENTAIRES / SIGNATURES |
NOM	SERVICE		

DATE	VISITEURS		HEURE D'ARRIVEE	OBJET DE LA VISITE
	NOM	SOCIETE		

| PERSONNE(S) ET/OU SERVICE VISITE || HEURE DE DEPART | COMMENTAIRES / SIGNATURES |
NOM	SERVICE		

DATE	VISITEURS		HEURE D'ARRIVEE	OBJET DE LA VISITE
	NOM	SOCIETE		

| PERSONNE(S) ET/OU SERVICE VISITE || HEURE DE DEPART | COMMENTAIRES / SIGNATURES |
NOM	SERVICE		

DATE	VISITEURS		HEURE D'ARRIVEE	OBJET DE LA VISITE
	NOM	SOCIETE		

| PERSONNE(S) ET/OU SERVICE VISITE || HEURE DE DEPART | COMMENTAIRES / SIGNATURES |
NOM	SERVICE		

DATE	VISITEURS		HEURE D'ARRIVEE	OBJET DE LA VISITE
	NOM	SOCIETE		

PERSONNE(S) ET/OU SERVICE VISITE		HEURE DE DEPART	COMMENTAIRES / SIGNATURES
NOM	SERVICE		

DATE	VISITEURS		HEURE D'ARRIVEE	OBJET DE LA VISITE
	NOM	SOCIETE		

| PERSONNE(S) ET/OU SERVICE VISITE || HEURE DE DEPART | COMMENTAIRES / SIGNATURES |
NOM	SERVICE		

DATE	VISITEURS		HEURE D'ARRIVEE	OBJET DE LA VISITE
	NOM	SOCIETE		

| PERSONNE(S) ET/OU SERVICE VISITE || HEURE DE DEPART | COMMENTAIRES / SIGNATURES |
NOM	SERVICE		

DATE	VISITEURS		HEURE D'ARRIVEE	OBJET DE LA VISITE
	NOM	SOCIETE		

PERSONNE(S) ET/OU SERVICE VISITE		HEURE DE DEPART	COMMENTAIRES / SIGNATURES
NOM	SERVICE		

DATE	VISITEURS		HEURE D'ARRIVEE	OBJET DE LA VISITE
	NOM	SOCIETE		

| PERSONNE(S) ET/OU SERVICE VISITE || HEURE DE DEPART | COMMENTAIRES / SIGNATURES |
NOM	SERVICE		

DATE	VISITEURS		HEURE D'ARRIVEE	OBJET DE LA VISITE
	NOM	SOCIETE		

| PERSONNE(S) ET/OU SERVICE VISITE || HEURE DE DEPART | COMMENTAIRES / SIGNATURES |
NOM	SERVICE		

DATE	VISITEURS		HEURE D'ARRIVEE	OBJET DE LA VISITE
	NOM	SOCIETE		

PERSONNE(S) ET/OU SERVICE VISITE		HEURE DE DEPART	COMMENTAIRES / SIGNATURES
NOM	SERVICE		

DATE	VISITEURS		HEURE D'ARRIVEE	OBJET DE LA VISITE
	NOM	SOCIETE		

| PERSONNE(S) ET/OU SERVICE VISITE || HEURE DE DEPART | COMMENTAIRES / SIGNATURES |
NOM	SERVICE		

DATE	VISITEURS		HEURE D'ARRIVEE	OBJET DE LA VISITE
	NOM	SOCIETE		

PERSONNE(S) ET/OU SERVICE VISITE		HEURE DE DEPART	COMMENTAIRES / SIGNATURES
NOM	SERVICE		

DATE	VISITEURS		HEURE D'ARRIVEE	OBJET DE LA VISITE
	NOM	SOCIETE		

| PERSONNE(S) ET/OU SERVICE VISITE || HEURE DE DEPART | COMMENTAIRES / SIGNATURES |
NOM	SERVICE		

DATE	VISITEURS		HEURE D'ARRIVEE	OBJET DE LA VISITE
	NOM	SOCIETE		

| PERSONNE(S) ET/OU SERVICE VISITE || HEURE DE DEPART | COMMENTAIRES / SIGNATURES |
NOM	SERVICE		

DATE	VISITEURS		HEURE D'ARRIVEE	OBJET DE LA VISITE
	NOM	SOCIETE		

| PERSONNE(S) ET/OU SERVICE VISITE || HEURE DE DEPART | COMMENTAIRES / SIGNATURES |
NOM	SERVICE		

DATE	VISITEURS		HEURE D'ARRIVEE	OBJET DE LA VISITE
	NOM	SOCIETE		

PERSONNE(S) ET/OU SERVICE VISITE		HEURE DE DEPART	COMMENTAIRES / SIGNATURES
NOM	SERVICE		

DATE	VISITEURS		HEURE D'ARRIVEE	OBJET DE LA VISITE
	NOM	SOCIETE		

| PERSONNE(S) ET/OU SERVICE VISITE || HEURE DE DEPART | COMMENTAIRES / SIGNATURES |
NOM	SERVICE		

DATE	VISITEURS		HEURE D'ARRIVEE	OBJET DE LA VISITE
	NOM	SOCIETE		

| PERSONNE(S) ET/OU SERVICE VISITE || HEURE DE DEPART | COMMENTAIRES / SIGNATURES |
NOM	SERVICE		

DATE	VISITEURS		HEURE D'ARRIVEE	OBJET DE LA VISITE
	NOM	SOCIETE		

| PERSONNE(S) ET/OU SERVICE VISITE || HEURE DE DEPART | COMMENTAIRES / SIGNATURES |
NOM	SERVICE		

DATE	VISITEURS		HEURE D'ARRIVEE	OBJET DE LA VISITE
	NOM	SOCIETE		

PERSONNE(S) ET/OU SERVICE VISITE		HEURE DE DEPART	COMMENTAIRES / SIGNATURES
NOM	SERVICE		

DATE	VISITEURS		HEURE D'ARRIVEE	OBJET DE LA VISITE
	NOM	SOCIETE		

PERSONNE(S) ET/OU SERVICE VISITE		HEURE DE DEPART	COMMENTAIRES / SIGNATURES
NOM	SERVICE		

DATE	VISITEURS		HEURE D'ARRIVEE	OBJET DE LA VISITE
	NOM	SOCIETE		

| PERSONNE(S) ET/OU SERVICE VISITE || HEURE DE DEPART | COMMENTAIRES / SIGNATURES |
NOM	SERVICE		

www.ingramcontent.com/pod-product-compliance
Lightning Source LLC
Chambersburg PA
CBHW080937220526
45465CB00008BA/3071